ÉLOGE

DE

G. GUIBOURT

ÉLOGE
DE
G. GUIBOURT

PRONONCÉ

A LA SÉANCE SOLENNELLE DE L'ÉCOLE ET DE LA SOCIÉTÉ DE PHARMACIE

LE 15 NOVEMBRE 1871

PAR

M. BUIGNET

PARIS
IMPRIMERIE CUSSET ET Cⁱᵉ
26, RUE RACINE, PRÈS L'ODÉON
—
1872

ÉLOGE DE G. GUIBOURT

PRONONCÉ

A LA SÉANCE SOLENNELLE DE L'ÉCOLE ET DE LA SOCIÉTÉ DE PHARMACIE

LE 15 NOVEMBRE 1871

par M. BUIGNET

Messieurs,

Parmi les hommes qui ont contribué aux progrès des sciences pharmaceutiques, il n'en est aucun qui ait travaillé avec plus d'ardeur, et qui ait laissé parmi nous des regrets plus vifs, que l'homme excellent dont je vais essayer de vous retracer l'histoire. Tour à tour pharmacien, professeur à l'Ecole supérieure de pharmacie de Paris, membre de l'Académie de médecine, membre et deux fois président de la Société de pharmacie, M. Guibourt nous offre l'exemple d'un savant modeste que l'éclat de la renommée n'a jamais ébloui; qui, dévoué tout entier à la pratique du bien et au culte de la science, ne s'est laissé distraire de son objet par aucun soin étranger, dont le zèle n'eut jamais besoin d'être excité par la louange, et qui ne connut jamais de plus grand plaisir que celui de faire une observation utile ou de découvrir une vérité nouvelle.

Nicolas-Jean-Baptiste-Gaston GUIBOURT naquit à Paris, le 2 juillet 1790. Il fit ses études sous la direction de son père, chef d'institution rue de Courcelles, et montra, dès son enfance, cette douceur de mœurs et cette aptitude au travail qui furent toujours les principaux traits de son caractère. Lorsque, ses humanités terminées, il lui fallut faire choix d'un état, il se décida sans hésiter pour la pharmacie qui convenait à son goût pour l'étude. Il eut la bonne fortune d'être admis en apprentissage dans l'officine de M. Boudet, qui passait, à juste titre, pour un des pharmaciens les plus distingués de la capitale. C'est sous ce maître habile qu'il apprit l'art de manipuler, de composer les mélanges, de préparer les médicaments, détails sans lesquels les praticiens, les plus renommés d'ailleurs, sont quelquefois privés des ressources les plus importantes, détails peut-être un peu trop négligés de nos jours où les jeunes pharmaciens, entièrement adonnés aux grandes théories de la science, daignent à peine songer aux procédés de la pharmacie pratique.

Le genre de talent qui devait un jour illustrer M. Guibourt n'échappa pas à la sagacité de M. Boudet. Encouragé par les sages avis qu'il en reçut, le jeune élève prolongea le temps de ses études et ne tarda pas à marquer ses débuts par de brillants succès. Nommé successivement interne à l'Hôtel-Dieu de Paris, directeur de la pharmacie de l'annexe à la Pitié, aide-directeur de la pharmacie centrale des hôpitaux civils et chef des magasins dans le même établissement, il se trouva environné de richesses pharmaceutiques qu'il apprit à connaître, et qui lui suggérèrent la première idée de son *Histoire des drogues*. En 1810, à peine âgé de vingt ans, il remporta les deux premiers prix de chimie et de pharmacie à l'Ecole de Paris. Il les reçut ici même, dans une cérémonie semblable à celle qui nous réunit aujourd'hui, au milieu des applaudissements publics dont il était déjà digne, et qu'il entendait pour la première fois.

Lorsqu'en 1816, il dut prendre ses grades pour l'exercice de la pharmacie, il pensa devoir à ses antécédents et à lui-même de marquer sa réception par une thèse inaugurale. La position qu'il occupait à la pharmacie centrale l'avait mis à même de préparer tous les médicaments galéniques et chimiques destinés à l'approvisionnement des hôpitaux. Il ne fut donc pas embarrassé de trouver le sujet de thèse qui lui était nécessaire : celui auquel il s'arrêta fut *l'Étude des combinaisons que forme le mercure avec l'oxygène et avec le soufre*. Quelques-unes de ces combinaisons l'avaient particulièrement frappé par leur apparence et leur peu de stabilité, et c'est pour dissiper tous les doutes sur leur véritable nature qu'il institua les expériences les plus nombreuses et les plus variées.

Le succès dans les sciences physiques ne tient pas seulement au zèle de ceux qui s'en occupent, il tient encore et surtout à ce que l'on sait mettre en œuvre la méthode expérimentale qui conduit à la vérité. C'est cette méthode que M. Guibourt employa de la manière la plus heureuse dans ce travail, et c'est elle aussi qu'il mit toujours en pratique dans ses travaux ultérieurs. Sa thèse se recommande à la fois par le nombre des expériences et par l'importance des résultats qu'elle renferme. Il prouva, par la manière brillante dont il la soutint, qu'il possédait déjà, dès cette époque, des notions précises sur la chimie et sur les découvertes nouvelles dont elle s'était successivement enrichie.

A peine en possession de son titre, M. Guibourt s'empressa d'ouvrir une officine. Il ne chercha point à éblouir le public par de brillants dehors. Située au fond d'une cour de la rue Feydeau, sa pharmacie ne pouvait guère attirer que ceux qui connaissaient la valeur personnelle du titulaire. Mais son désir était moins d'arriver à la fortune que de satisfaire à son goût pour la science. Aussi, tout en ne négligeant rien des soins qu'exige un premier établissement, poursuivit-il ses études sur toutes les branches des connaissances pharmaceutiques. Il s'y livra avec tant d'ardeur, et ses recherches devinrent tellement multipliées, qu'il serait vraiment impossible de vous en présenter ici un tableau complet. Epars dans les différents recueils ou journaux scientifiques, tous ces mémoires, si variés par les sujets qu'ils traitent, ont une qualité commune, celle de concourir au perfectionnement de l'art et à la considération scientifique du pharmacien.

Lorsque j'ai essayé de diviser en plusieurs classes les nombreuses productions de M. Guibourt, j'ai vu qu'il avait porté successivement son attention sur la chimie, la physique, la toxicologie, l'histoire naturelle médicale, la pharmacie. J'ai donc pensé qu'il était possible de réduire à ces différents chefs toutes les découvertes de ce savant.

Ceux de ses mémoires qui se rapportent à la chimie proprement dite, embrassent la chimie minérale, la chimie organique, la chimie animale.

M. Guibourt avait à peine présenté sa thèse sur les composés oxygénés du mercure qu'il publiait des remarques fort importantes sur le carbonate de potasse, autrefois nommé *nitre fixé par le tartre*. Les détails qu'il donne sur la préparation de ce sel renferment une critique judicieuse et parfaitement fondée des proportions dans lesquelles on a employé jusqu'ici les deux éléments qui concourent à le former. Mais ce que cette note renferme de particulièrement utile, c'est cette observation confirmée par l'expérience qu'un simple changement dans les conditions de température amène un changement considérable dans la nature du produit obtenu. La formation du cyanure de potassium en quantité d'autant plus grande que la chaleur est plus élevée montre combien il importe que les pharmaciens observent, dans leurs préparations, jusqu'aux moindres détails des procédés qui s'y rapportent.

Un peu plus tard, M. Guibourt faisait connaître des résultats très-intéressants sur *l'arsenic et ses composés*, sur *l'eau de cristallisation des sels de soude*, sur la *purification du nitrate d'argent*. Il montrait, dans les publications relatives à ces divers sujets : que les sulfures d'arsenic préparés artificiellement contiennent parfois jusqu'à 96 pour 100 d'acide arsénieux; que le sulfate et le carbonate de soude, pris à l'état cristallisé et exposés tous deux dans un air sec, y perdent des proportions d'eau bien différentes, le premier de ces sels devenant complétement anhydre, tandis que le second retient obstinément les 30 centièmes environ de l'eau qu'il contenait originairement. Il montre enfin qu'à l'aide d'un procédé aussi simple que facile, on peut enlever au nitrate d'argent jusqu'aux dernières traces de cuivre qui s'y trouvent contenues.

Les recherches de *l'Iode dans l'urine* a été pour M. Guibourt l'occasion de signaler une particularité très-importante de ces sortes d'analyse, à savoir la combinaison que forment certains éléments minéraux avec les liquides de l'organisme, l'état de dissimulation où ils s'y trouvent, et la nécessité où l'on est de détruire la matière organique elle-même, si on veut rendre leurs réactions manifestes.

L'étude de *la matière sucrée du miel*, faite en 1821, c'est-à-dire à une époque où nos connaissances sur les sucres étaient fort peu avancées, n'a pas eu seulement pour résultat de confirmer les idées de Proust sur la nature de ce principe et sur les différences qu'il présente avec le sucre de canne; elle a montré en outre l'étendue des variations que cette matière sucrée peut subir suivant la nature des végétaux qui croissent dans les contrées habitées par les abeilles.

L'examen qu'il fit en 1843 du procédé indiqué par M. Pelouze pour la préparation *du tannin*, l'a conduit à reconnaître que l'éther pur est impropre par lui-même à dissoudre cette substance et que l'emploi de l'éther aqueux est indispensable au succès de l'opération. Il a pu constater ainsi, en pratiquant le procédé dans les conditions les plus convenables, que la proportion de tannin contenue dans la noix de galles, était beaucoup plus considérable qu'on ne l'avait annoncé.

Tous ces faits étudiés avec conscience, et présentés avec clarté, annoncent un esprit éminemment observateur que préoccupe avant tout l'intérêt pratique des questions qu'il traite. C'est ce même esprit qui se révèle dans l'étude patiente et minutieuse que M. Guibourt a faite de la *Pepsine* à l'occasion d'un rapport dont il avait été chargé. On connaissait depuis longtemps les merveilleuses propriétés de ce principe; mais la diversité des modes de préparation le présentait aux usages médicaux avec des qualités tellement variables, que les médecins ne pouvaient plus compter sur l'efficacité de son action. M. Guibourt compare tous les procédés jusque-là décrits; et, mettant à profit les avantages particuliers que chacun d'eux renferme, il les résume en un procédé unique qu'il soumet au contrôle de l'expérience. La nécessité de titrer la pepsine officinale, l'emploi de la fibrine comme moyen d'en apprécier la valeur, l'influence des divers acides pour en déterminer ou en exalter les effets, celle que l'amidon peut exercer dans son mélange avec le produit de la préparation pour former une pepsine amylacée neutre ou acide, tels sont les sujets d'étude que

M. Guibourt a abordés résolument, et dont il a cherché la solution par la voie de l'expérience. Le Codex de 1866 a sanctionné les résultats de cet important travail.

Quoique M. Guibourt ne se soit point occupé de physique pure, on trouve dans la plupart de ses travaux, des applications de cette science. Nous devons signaler parmi les principales :

Un travail sur la densité des huiles volatiles ;

Des observations faites en commun avec M. Bouchardat sur les *propriétés optiques des Térébenthines et de leurs essences*, observations desquelles il résulte que le pouvoir rotatoire des huiles volatiles est souvent très-instable, la simple distillation suffisant pour en modifier le sens et l'énergie ;

Des remarques sur *la densité des corps poreux* et sur les erreurs auxquelles on est assujetti dans sa détermination, lorsqu'on ne tient pas un compte suffisant du volume apparent et du volume réel ;

Un mémoire sur le *Tabaschir*, dans lequel il met en évidence tous les caractères physiques de cette singulière concrétion, l'accroissement de volume qu'elle prend au contact de l'eau, la transparence qu'elle y acquiert, la faiblesse de son indice de réfraction comparée à sa forte densité, anomalie qu'il signale en passant et dont il donne la juste explication.

En plus d'une circonstance, M. Guibourt a eu à s'occuper de recherches relatives à la toxicologie. En 1829, il fut désigné conjointement avec MM. Henry et Denis, pour examiner des matières suspectes dans un cas présumé d'empoisonnement. Dans les recherches auxquelles il se livra comme rapporteur, il put constater non-seulement *l'acide arsénieux* qui était le poison soupçonné, mais un sel que le commerce y mêle frauduleusement, le *sulfate de baryte*.

Plus tard, il publia des observations sur *l'hydrate de peroxyde de fer* considéré comme contre-poison de l'arsenic, observations qui ont une valeur réelle, quoique leur importance pratique ait beaucoup diminué, depuis que M. Bussy a signalé les avantages attachés à l'emploi de la magnésie calcinée.

En 1830, il vérifia un fait qui avait déjà été annoncé, mais qui paraissait contraire aux prévisions de la chimie, à savoir que l'arsenic contenu dans le bismuth du commerce passe dans le *sous nitrate obtenu par précipitation*, et communique à ce sel les propriétés toxiques que l'observation lui a souvent reconnues.

La matière médicale ou l'histoire naturelle des médicaments a été, de la part de M. Guibourt, l'objet d'une étude toute spéciale à laquelle il s'est livré dès le début de sa carrière scientifique, et vers laquelle il s'est trouvé porté plus tard par la nature même de son enseignement. C'est à cette branche des connaissances pharmaceutiques que se rattachent ses mémoires les plus nombreux et les plus importants. En parcourant les divers auteurs qui avaient écrit sur la matière médicale, il avait été frappé du vague qui régnait encore dans la description de certains médicaments même très-usités, et c'est dans le but de préciser nos connaissances sur leur origine, leur nature et leurs caractères distinctifs qu'il s'est livré aux recherches les plus patientes, aux investigations les plus minutieuses. Il a pu, en travaillant dans cette direction, réformer beaucoup d'erreurs, ramener à une dénomination commune des substances considérées avant lui comme distinctes, et établir au contraire une distinction judicieuse et fondée entre des substances qu'on avait regardées jusque-là comme identiques.

Dans les nombreux écrits qu'il a publiés sur l'*opium*, sur le *quinquina*, sur la *scammonée*, sur le *jalap*, sur la *rhubarbe*, il s'est attaché surtout à caractériser les espèces commerciales et à mettre le pharmacien en mesure de reconnaître les produits de bonne qualité. Aussi décrit-il avec le plus grand soin toutes les propriétés physiques ou organoleptiques appartenant à chacune de ces substances. Dans ces mémoires, comme dans tous ceux qu'il a publiés sur la matière médicale, il a toujours allié les connaissances du chimiste avec celles du naturaliste. M. Guibourt aimait beaucoup la chimie, à laquelle il avait consacré ses premières études; il en suivait la marche avec le plus vif intérêt. Mais ce n'était pas sans une certaine inquiétude qu'il voyait la tendance de la médecine à s'emparer de ces découvertes, et à remplacer les matières premières par les principes actifs que la chimie en avait séparés. Dans sa pensée, la morphine, la quinine ne représentaient qu'une partie des effets de l'opium et du quinquina; et cette opinion qu'il exprimait à une époque déjà éloignée de nous, la chimie elle-même s'est chargée de la confirmer en isolant de ces mêmes produits des alcaloïdes nouveaux, pourvus de propriétés spéciales et distinctes.

Les relations que M. Guibourt entretenait avec les savants étrangers l'avaient mis à même de recevoir des échantillons de matière médicale de tous les points du globe. Il a pu ainsi, non-seulement vérifier les caractères d'un grand nombre de substances depuis longtemps connues, mais indiquer ceux d'une multitude de produits nouveaux tels que bois, tiges, écorces, racines, dont il eut à cœur d'enrichir la matière médicale française.

Je regrette de ne pouvoir vous présenter même une énumération rapide de toutes les substances, tant anciennes que nouvelles, sur lesquelles il a porté son examen. Nous lui devons :

Une histoire botanique, chimique et médicale du *bebeeru* et de l'alcaloïde fébrifuge qu'il renferme ;

Des recherches sur l'origine si longtemps controversée de l'*ergot de seigle*, dans lesquelles, à la suite d'une dissertation savante sur cette singulière substance, il entrevoit sa véritable nature, telle qu'elle a été établie depuis, de la manière la plus concluante par les observations de M. Tulasne ;

L'examen d'un grand nombre de racines et de semences aromatiques appartenant à la famille des *scitaminées* ;

Un exposé des caractères physiques et chimiques qui permettent de distinguer la *cannelle blanche* et l'*écorce de Winter*, et des indications exactes sur le genre auquel il convient de rapporter cette dernière substance ;

Une étude sur la valeur comparée des *cochenilles noire* et *grise* ;

Des renseignements sur la véritable origine de l'*orseille d'Auvergne*, que M. Fée attribuait au lichen parellus de Linné, et qu'on rapporte aujourd'hui, d'après l'opinion de M. Guibourt, confirmée par des observations ultérieures, au *variolaria orcina* ;

Des observations très-intéressantes sur le musc et le castoréum, sur les diverses espèces de *baumes* et de *térébenthines*, sur le *cachou*, le *gambir*, la *gomme kino*, et tant d'autres substances que je pourrais citer, si je ne craignais de fatiguer votre attention.

On voit, par ce rapide exposé, combien sont nombreux et importants ceux des travaux de M. Guibourt qui se rapportent à l'histoire naturelle médicale. L'intérêt qui l'attachait à cette science était tel que, non content de nous faire connaître le résultat de ses propres observations, il mettait le même empressement à nous faire connaître celles des naturalistes étrangers. C'est à lui que nous devons d'avoir connu les différents mémoires de M. Hanbury sur les cardamomes, sur le kamala, sur l'huile de bois de l'Inde; ceux de M. Pereira sur les aloès et en particulier sur l'aloès succotrin liquide; les observations de M. Christison et de M. Graham sur la gomme-gutte. En nous mettant à même d'apprécier la valeur de ces communications, M. Guibourt a su toujours en accroître l'intérêt par les détails dont il a pris soin de les accompagner.

Les travaux que M. Guibourt a publiés sur la pharmacie proprement dite sont eux-mêmes très-nombreux, et ils ont une grande importance, en raison de l'intérêt pratique qui s'y rattache. Sans entrer dans le détail de ces publications, qui se recommandent toutes par la scrupuleuse exactitude des expériences et par la déduction logique des résultats, nous indiquerons d'une manière succincte l'objet général auquel elles se rapportent.

Les unes ont eu pour but de faire connaître des procédés nouveaux, que la pratique a sanctionnés, pour la préparation de certains médicaments, tels que le *sirop d'ipécacuanha*, la *pommade mercurielle*, l'*huile de croton-tiglium*, les *sirops de salsepareille* et de *cuisinier*, l'*onguent de la mère*, l'*éthiops martial*, etc.

Les autres ont eu pour objet d'indiquer des préparations nouvelles, telles que la *pommade épispastique sans cantharides*, ou *pommade au garou*, que M. Guibourt a fait connaître le premier, et dont les avantages thérapeutiques sont aujourd'hui parfaitement constatés.

Dans d'autres circonstances, M. Guibourt s'est proposé : tantôt de rechercher le genre d'altération que le temps fait éprouver à certaines substances telles que les *cantharides*, le *jalap*, la *teinture d'iode;* tantôt de signaler des falsifications pratiquées sur les médicaments les plus précieux, tels que le *séné*, le *safran*, l'*essence de rose*, le *baume de copahu*, l'*iodure de potassium*.

L'essai chimique des matières premières a beaucoup occupé M. Guibourt. Quoiqu'en principe il montrât plus de confiance dans l'examen des caractères extérieurs que dans la pratique d'analyses toujours plus ou moins imparfaites, il était loin de méconnaître l'utilité de ces essais rapides qui sont aujourd'hui d'un usage si fréquent dans les laboratoires. Pour montrer l'importance qu'il attachait à ce genre de recherches, il me suffira de citer les observations qu'il a produites *sur le dosage de la morphine dans l'opium*, observations qui se rapportent à plus de quarante échantillons de provenance diverse, et qui ont permis de fixer un titre moyen que le Codex de 1866 a admis comme titre normal; les essais analytiques qu'il a pratiqués en vue de constater la *cinchonine* dans le *sulfate de quinine du commerce*, et ceux qu'il a publiés en commun avec M. Bussy relativement à la constatation de la quinidine dans le même sel.

Indépendamment des travaux qui précèdent et qui représentent en partie les mémoires originaux de M. Guibourt, il en est un grand nombre d'autres auxquels il s'est livré comme rapporteur des compagnies savantes auxquelles il appartenait.

M. Guibourt était, en effet, membre de la Société de pharmacie depuis 1818, et cinq ans plus tard, en 1823, il avait été nommé membre de l'Académie de médecine. Cette dernière nomination l'avait beaucoup flatté. Quoique jeune encore, il avait déjà publié plus de quatre-vingts mémoires sur les diverses branches des connaissances pharmaceutiques. Il aurait donc pu regarder cette distinction comme une récompense des services rendus; il préféra y voir un encouragement pour ceux qu'il pouvait rendre encore. En acceptant le fardeau du travail académique, il eut à cœur de se montrer reconnaissant envers les sciences auxquelles il devait sa renommée, et de leur rendre une partie des secours qu'il en avait reçus. Aussi se montra-t-il très-assidu aux séances. Il y paraissait toujours prêt au travail, acceptant les missions les plus laborieuses par leurs détails, et donnant à chacun l'exemple d'une louable émulation.

Il serait hors de propos d'énumérer ici les nombreux rapports que M. Guibourt a lus devant l'Académie sur des sujets relatifs à la pharmacie, à la chimie, à l'histoire naturelle, à la médecine légale. Ces rapports, dans lesquels il donne de nouvelles preuves de l'étendue de ses connaissances et de la netteté de son esprit, ont tous le grand mérite de porter la lumière dans les questions soumises à son examen.

Plus simples et plus pratiques dans leur allure, les séances de la Société de pharmacie étaient encore pour M. Guibourt un nouveau genre de délassement et de plaisir. Il s'y trouvait comme en famille, environné de collègues qui avaient pour lui, pour l'autorité de son âge et de son expérience les égards et la déférence qu'il méritait à tant de titres. C'est là surtout qu'il déployait un zèle et une activité à toute épreuve. Très-attaché à la Société, il voulait qu'elle eût la primeur des découvertes qu'il lui était donné de faire. Et ce n'était pas seulement par égard pour elle qu'il tenait ainsi à lui soumettre les résultats de son observation; c'était, comme il le dit dans un de ses mémoires, dans l'intérêt même du travail présenté, afin que, sortant plus pur du creuset de la discussion, il pût aborder avec plus de succès les chances de la publicité : acte de pure modestie, aussi honorable pour son auteur que pour la Société elle-même qui avait su l'inspirer.

Deux ouvrages ont solidement établi la réputation de M. Guibourt, la *Pharmacopée raisonnée* et l'*Histoire naturelle des drogues simples.*

Le premier de ces ouvrages parut en 1828 avec la collaboration de M. Henry; mais M. Guibourt en publia seul deux éditions nouvelles en 1834 et en 1841. La publication de cette *Pharmacopée* fut un véritable service rendu à l'enseignement de la pharmacie. Les traités alors en usage présentaient de nombreux inconvénients. Celui de Baumé, le plus répandu de tous, péchait à la fois par la trop grande abondance des détails et par l'insuffisance des théories. La plupart des autres, réduits à l'état de simples formulaires, n'offraient guère qu'une description minutieuse et monotone des opérations. En ramenant la pratique de la pharmacie à des règles fixes, la *Pharmacopée* de MM. Henry et Guibourt se présentait donc avec tous les caractères d'une œuvre véritablement scientifique, et l'on peut dire qu'à ce point de vue, elle a réalisé un progrès réel. On y trouve des généralités habilement déduites, un choix judicieux de formules, et une précision d'idées qui, liant adroitement les principes avec les conséquences, ne montre d'exemples et de faits que ce qu'il en faut pour justifier cet enchaînement. La partie théorique est entièrement nouvelle et mise complètement au niveau de la science. Quant à la partie pratique, le soin que les auteurs ont apporté dans les descriptions montre qu'ils ont tout vu, tout étudié, et qu'ils ont exécuté eux-mêmes les opérations qu'ils décrivent.

L'*Histoire naturelle des drogues simples*, dont la première édition parut en 1820, a été tout aussi favorable au développement de la matière médicale que la *Pharmacopée raisonnée* l'avait été à celui de la pharmacie. Les précieux renseignements que M. Guibourt avait déjà recueillis dès cette époque, tant sur l'origine que sur la nature et les propriétés des matières premières, contribuèrent puissamment au succès de l'ouvrage qui fut accueilli avec une grande faveur. M. Guibourt ne négligea rien pour le rendre digne de cet accueil. Il y fit avec scrupule toutes les corrections que le temps et le progrès des sciences rendaient nécessaires ; et, grâce aux perfectionnements apportés dans chaque édition nouvelle, l'*Histoire naturelle des drogues simples* constitue aujourd'hui le traité le plus exact et le plus complet que nous possédions sur la matière.

Elle justifie, d'ailleurs, les éloges que nous avons donnés à la *Pharmacopée raisonnée*, dont elle est, en quelque sorte, le complément nécessaire. Tous ceux que leur penchant ou la direction de leurs études porteront vers les sciences naturelles liront avec fruit cet ouvrage écrit par une main que le travail a formée. Ils y trouveront des détails authentiques sur l'origine des matières premières, une description rigoureuse et fidèle de leurs caractères et surtout une entière bonne foi dans le récit des observations qui ont servi de base aux propriétés qu'on leur attribue. N'est-ce pas un des plus grands services qu'on puisse rendre aux sciences que d'y apporter l'exactitude et la précision, et n'est-ce pas le plus pur hommage qu'on puisse offrir à la vérité que de diminuer le nombre des erreurs avec lesquelles elle est si souvent confondue? Cette rigoureuse exactitude à laquelle M. Guibourt s'est tant attaché dans son œuvre, est au fond la qualité dominante qui le distinguait lui-même dans tous ses actes. Jamais le caractère d'un auteur n'a exercé une influence plus marquée et en même temps plus salutaire sur ses ouvrages, et l'on peut dire qu'il a apporté dans ses écrits la probité qui était le fond même de son caractère.

Depuis l'année 1851, époque à laquelle *l'Histoire des drogues* était déjà parvenue à sa cinquième édition, M. Guibourt avait rassemblé de nombreux matériaux qu'il préparait pour une édition nouvelle quand la mort est venue le frapper. Ces notes, heureusement, n'ont pas été perdues. Il appartenait à celui que son mérite et ses connaissances spéciales ont désigné comme l'héritier de l'enseignement de M. Guibourt de remplir son vœu le plus cher en publiant ces précieux documents dans une sixième édition de son ouvrage. Notre collègue M. Planchon s'est acquitté de cette tâche avec un zèle et un désintéressement dignes d'éloges, et il y a joint ses observations personnelles dont l'œuvre du maître s'est ainsi trouvée enrichie.

Le succès que M. Guibourt avait obtenu dans ses nombreuses publications sur la matière médicale, devait nécessairement l'appeler à entrer dans l'enseignement. Il fut, en effet, nommé, en 1832, professeur titulaire d'histoire naturelle des médicaments à l'École supérieure de pharmacie de Paris.

Quelque honorables que lui parussent ces nouvelles fonctions qu'il désirait depuis longtemps, son embarras fut extrême quand il fallut les remplir. Ce n'était pas que les connaissances lui fissent défaut, ou qu'il manquât du talent nécessaire pour les bien exposer : ceux qui font de semblables entreprises sans avoir les qualités qui en assurent le succès, ne sont jamais embarrassés. Mais il s'agissait pour M. Guibourt, sinon de créer un enseignement nouveau, au moins de donner à cet enseignement une direction nouvelle; et, bien qu'il possédât des documents nombreux et précis sur tous les points de la matière médicale il restait encore à classer ces matériaux et à leur donner la forme méthodique et claire sous laquelle ils devaient être présentés.

Ces difficultés, plus apparentes que réelles, ne devaient pas arrêter longtemps un esprit aussi bien préparé que le sien : en peu de jours, il parvint à vaincre cette défiance de lui-même, et bientôt après, il fut en mesure de se livrer à ses fonctions.

Il s'y distingua par la variété et la solidité de ses connaissances. Sa diction était simple, sans affectation d'élégance comme sans recherche. Uniquement occupé du soin de former ses élèves, il cherchait moins à les intéresser qu'à les instruire. Rien de ce qui pouvait les distraire n'était mêlé à l'objet sérieux de la leçon, et il ne leur présentait jamais que ce qu'ils pouvaient et ce qu'ils devaient apprendre. Comme il était également versé dans l'histoire naturelle et dans la chimie, il exposait, dans chacune de ses leçons, un grand nombre de faits relatifs à l'une et à l'autre science, et l'intérêt des descriptions se trouvait ainsi complété par celui des analyses chimiques dont chaque substance avait fourni le sujet.

L'usage qu'il avait adopté de faire son cours en parcourant un cahier de notes donnait à ses leçons un caractère tout particulier. Sans doute elles ne produisaient point sur l'auditoire l'effet d'un discours sans apprêt dicté par la circonstance; mais elles avaient l'avantage de ne rien livrer au hasard, et de n'exposer jamais que des faits exacts et bien réfléchis. Elles étaient comme autant de traités simples et élémentaires que les élèves écoutaient avec avidité, qu'ils écrivaient et qu'ils se transmettaient avec empressement.

En 1844, M. Guibourt fut nommé secrétaire agent comptable à l'École de pharmacie, et dut joindre les fonctions d'administrateur à celles de professeur qu'il occupait depuis longtemps. Cette position nouvelle qui l'attachait d'une manière plus étroite à un établissement qui avait toutes ses affections, le décida à abandonner l'exercice de la pharmacie pour venir résider à l'École où il resta jusqu'en 1865. Malgré les occupations nombreuses que lui imposait son nouveau poste, il n'en continua pas moins ses observations et ses recherches de laboratoire. L'oisiveté était le fléau qu'il redoutait le plus; et, dès qu'il trouvait quelques moments de loisir, il en profitait pour se livrer aux travaux qui s'accordaient le mieux avec ses vues. Le cabinet de matière médicale de l'École de pharmacie lui doit une partie de son organisation. Il était heureux au milieu de cette collection, une des plus riches peut-être que l'Europe possède en ce genre. Il aimait à la montrer aux étrangers que leur curiosité scientifique attirait à Paris, et leur visite recevait un nouveau degré d'intérêt des explications très-précieuses qu'il était toujours empressé de leur fournir.

Des travaux aussi multipliés et aussi utiles que ceux de M. Guibourt avaient fini par lui acquérir une très-grande célébrité. Nommé chevalier de la Légion d'honneur en 1846, il fut promu au grade d'officier dans le même ordre en 1863. Presque toutes les sociétés savantes de l'Europe et de l'Amérique s'empressèrent de se l'associer. C'est ainsi qu'il fut nommé successivement membre de l'Académie des sciences, belles-lettres et arts de Rouen, membre des Sociétés de la Grande-Bretagne, de Norwége, de Saint-Pétersbourg, de l'Allemagne septentrionale, de l'association générale de l'Autriche, de la Société physico-médicale d'Erlangen, etc... Il reçut tous ces diplômes avec la déférence que l'on doit aux grandes Assemblées qui les confèrent; mais son amour-propre n'en conçut jamais aucune vanité.

M. Guibourt possédait au suprême degré la douceur du caractère et la sagacité de l'esprit. Ces deux qualités, qui lui avaient été d'un grand secours dans l'exercice de la pharmacie, lui concilièrent aussi tous les suffrages dans son enseignement. La confiance qu'il inspirait était générale. Ses talents étaient reconnus par les pharmacologistes de tous les pays, par les étrangers comme par les nationaux. Et c'est parmi les étudiants qui se succédèrent en se transmettant toujours les mêmes sentiments d'affection pour ce maître vénéré, c'est dans cette École où des bancs il était passé dans la chaire, qu'il goûta paisiblement la plus pure de toutes les jouissances, celle que donnent le travail, l'estime et la confiance dont on se sent entouré.

Ce bonheur, toutefois, ne fut pas sans amertume. En 1863, il eut la douleur de perdre Mme Guibourt, et c'est dans les consolations de ses deux filles qu'il trouva le courage nécessaire pour continuer à remplir les nombreuses occupations dont il était chargé.

A la fin de 1865, sentant ses forces diminuer de plus en plus, il songea à quitter l'École à laquelle il était attaché depuis plus de trente-trois ans, et à se procurer enfin le repos auquel il avait tant de droits. Il se retira dans une petite maison qu'il avait acquise et dans laquelle il devait retrouver l'objet favori de ses plus chères études. Une collection de matière médicale, composée d'échantillons très-rares, provenant de naturalistes avec lesquels il avait entretenu des relations, se trouvait rassemblée dans cette modeste demeure. M. Guibourt était depuis longtemps désireux de classer ces échantillons, et comme il ne pouvait se flatter d'en faire un long usage, il voulait au moins rendre aux sciences un dernier hommage et aux savants un dernier service en donnant, pour chacune de ces substances, tous les détails propres à éclairer sur leur nature et leur origine.

C'est pendant qu'il se livrait à ce travail, d'ailleurs si agréable pour lui, qu'une circonstance particulière vint en interrompre le cours et donner à son activité une toute autre direction.

Depuis quelques années, une grande agitation régnait parmi les pharmaciens de la France et de l'étranger. Les diverses sociétés, formées dans le but de travailler au perfectionnement de l'art pharmaceutique, voyaient avec peine les abus de toute sorte qui s'étaient introduits dans l'exercice de la profession; et dans l'espoir d'une législation nouvelle, elles avaient pensé devoir se réunir en congrès pour formuler en commun les réformes qu'elles considéraient comme nécessaires.

Chargé avec M. Robinet de représenter la Société de Paris au premier congrès international tenu à Brunswick en 1865, M. Guibourt s'était fait remarquer par des qualités toutes spéciales et surtout par son expérience consommée de la pratique pharmaceutique. Aussi le congrès s'empressa-t-il de recourir à ses lumières, lors de la deuxième assemblée qui eut lieu à Paris en 1867.

L'ardeur que M. Guibourt mit à remplir toutes les charges de sa position dans ce nouveau congrès devint la cause d'une fatigue extrême contre laquelle il eut beaucoup de peine à lutter. Il put néanmoins, jusqu'au 21 août, s'acquitter courageusement de la tâche difficile qu'il avait entreprise. Mais à cette époque, il fut pris tout à coup de douleurs très-vives, et, le 22 août 1867, il succomba brusquement, à la suite d'une affection déjà ancienne qui venait de se compliquer d'une péricardite aigüe.

M. Guibourt doit être proposé comme exemple aux amis des sciences, qu'il a cultivées pour elles-mêmes jusqu'à sa dernière heure. Il n'avait point reçu du ciel ces rares dispositions qui sont la source du génie, mais il avait apporté en naissant des qualités particulières que le travail a développées et rendues fructueuses. En se livrant à ses consciencieux travaux, il ne chercha point à faire un vain bruit; il n'exigea rien, mais il obtint de nous tout ce qui pouvait le flatter : égards, déférence, estime, amitié.

Les services qu'il a rendus à la chimie et à la matière médicale sont déjà consacrés dans l'Histoire des sciences où M. Guibourt a marqué sa place par le nombre et l'exactitude de ses travaux. Mais il appartenait à l'École et à la Société de pharmacie de rendre publiquement hommage à l'observateur infatigable, au travailleur consciencieux, au professeur dévoué, qui a si bien mérité de notre profession. Le génie ne manque pas d'éloge, mais il est rare qu'une vie simple et sans éclat, consacrée toute entière à la recherche de la vérité, ne soit pas oubliée. C'est accomplir un devoir et un acte de justice que de signaler à la reconnaissance des savants les services rendus par des hommes modestes comme M. Guibourt, et nous le faisons d'autant plus volontiers que leur éloge, devant être simple comme eux, n'exige pour être fait dignement et pour être écouté avec indulgence, qu'une âme honnête, et des auditeurs sensibles à l'attrait du devoir accompli.

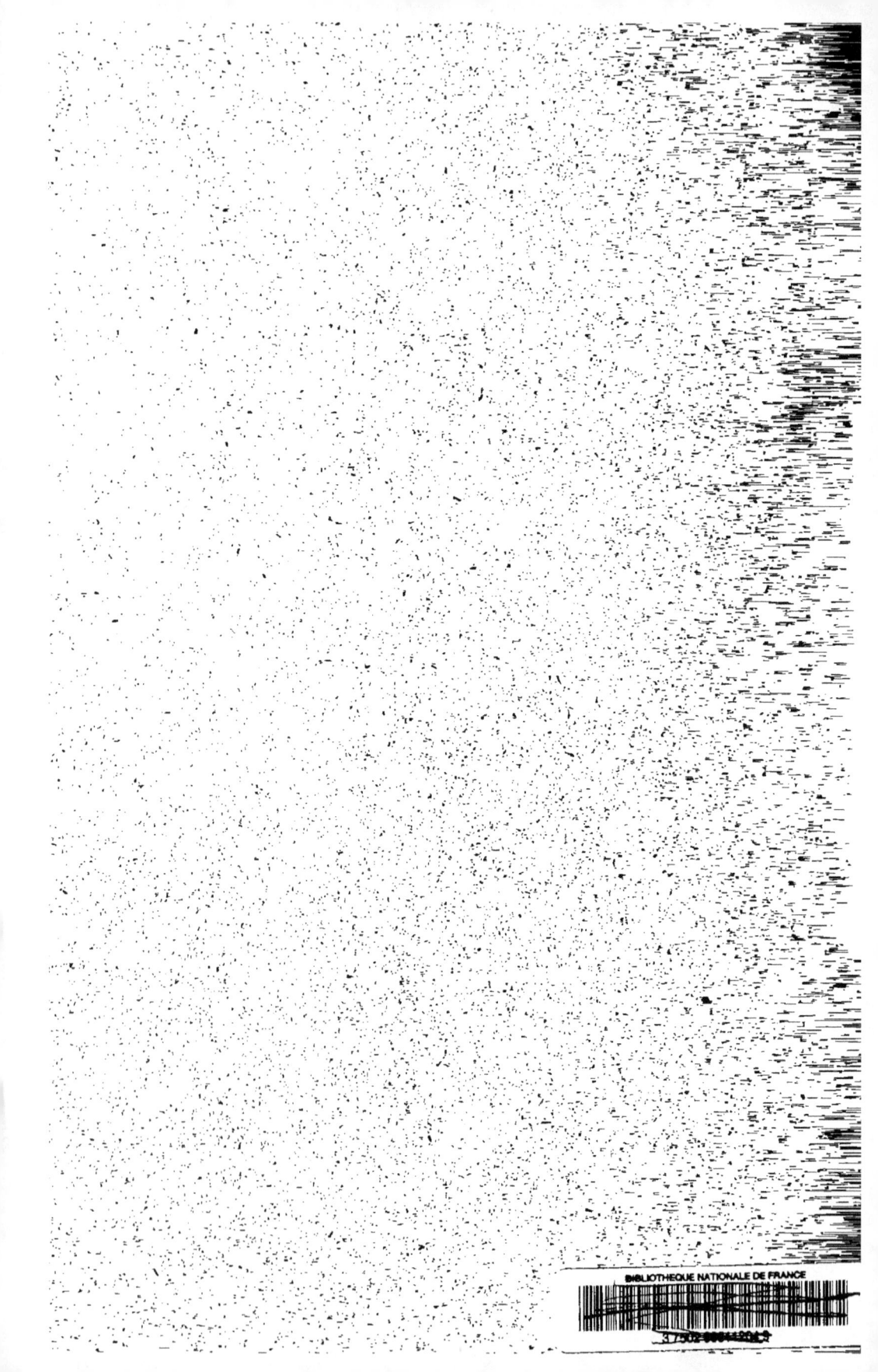